Frank Reintgen/Klaus Vellguth

Menschen-Leben-Träume

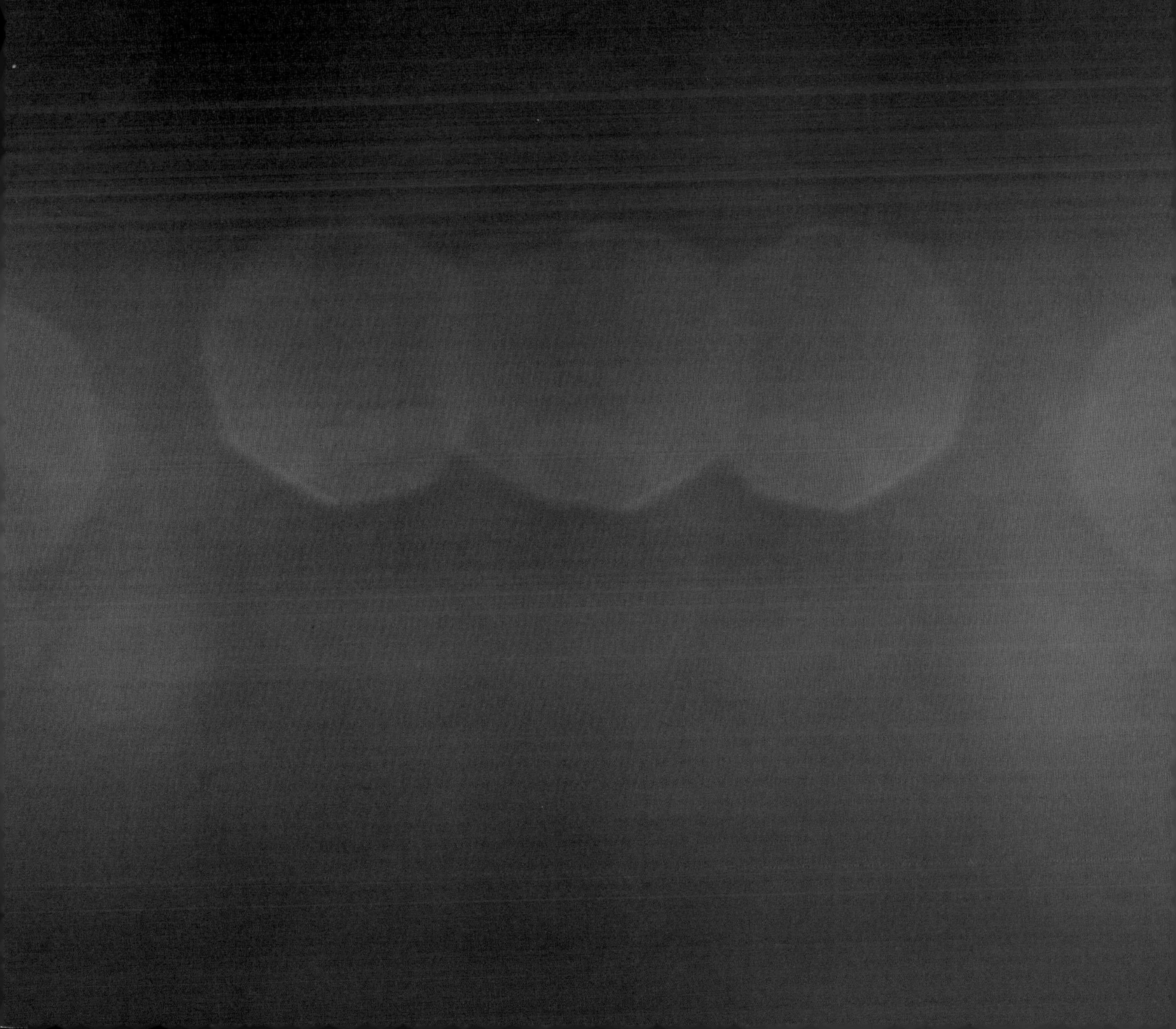

Frank Reintgen
Klaus Vellguth

Menschen-Leben-Träume

Das Jugendbuch zur Firmung

HERDER
FREIBURG · BASEL · WIEN

Völlig überarbeitete Neuausgabe 2018

www.herder.de

Coverbild:
aldomurillo – iStock (Gruppe),
Jacob Lund – shutterstock (Hände)

Gesamtgestaltung:
Berres-Stenzel, Freiburg im Breisgau,
www.berres-stenzel.de

Herstellung:
Polygraf Print, Prešov

Printed in Slovakia

ISBN 978-3-451-38111-9

Inhalt

Ehrlich gesagt ...

... kann die Vorbereitung auf die Firmung eine tolle Erfahrung sein.
... ist die Firmvorbereitung eine Zeit der Sinnsuche.
... erlebt jeder Christ seinen Glauben einmalig anders.
... fühlt sich Kirche als Gemeinschaft von Jugendlichen gut an.

Dieses Buch ...

... begleitet dich auf dem Weg zur Firmung.
... möchte dich zum Nachdenken anregen.
... möchte dir ein neues Leben träumen.
... lädt dich zum Blättern und Stöbern ein.

Wir wünschen dir …

… Menschen, die dich begleiten,
… Leben, das dich begeistert und
… Träume, die den Alltag täglich neu verzaubern.

Frank Reintgen
Klaus Vellguth

IDENTITÄT

Video zum Song „Mensch“
von Herbert Grönemeyer

Wer bin ich?

wer bin ich
mir selbst oft
noch unbekannt
glücklich und traurig
liebend und einsam
hoffend und verzweifelt
mutig und ängstlich
lachend und weinend
noch unbekannt
mir selbst

kv

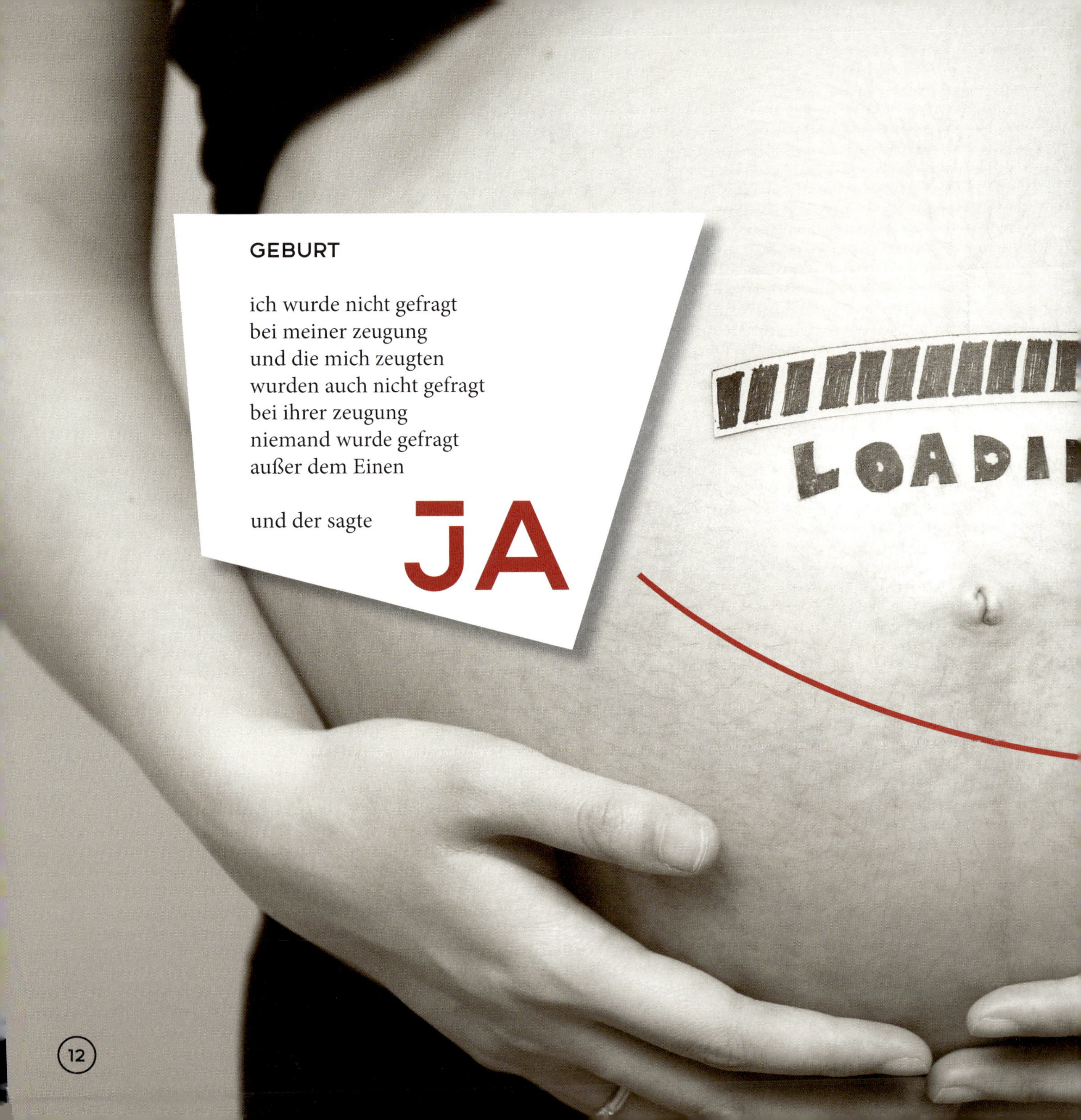

GEBURT

ich wurde nicht gefragt
bei meiner zeugung
und die mich zeugten
wurden auch nicht gefragt
bei ihrer zeugung
niemand wurde gefragt
außer dem Einen

und der sagte **JA**

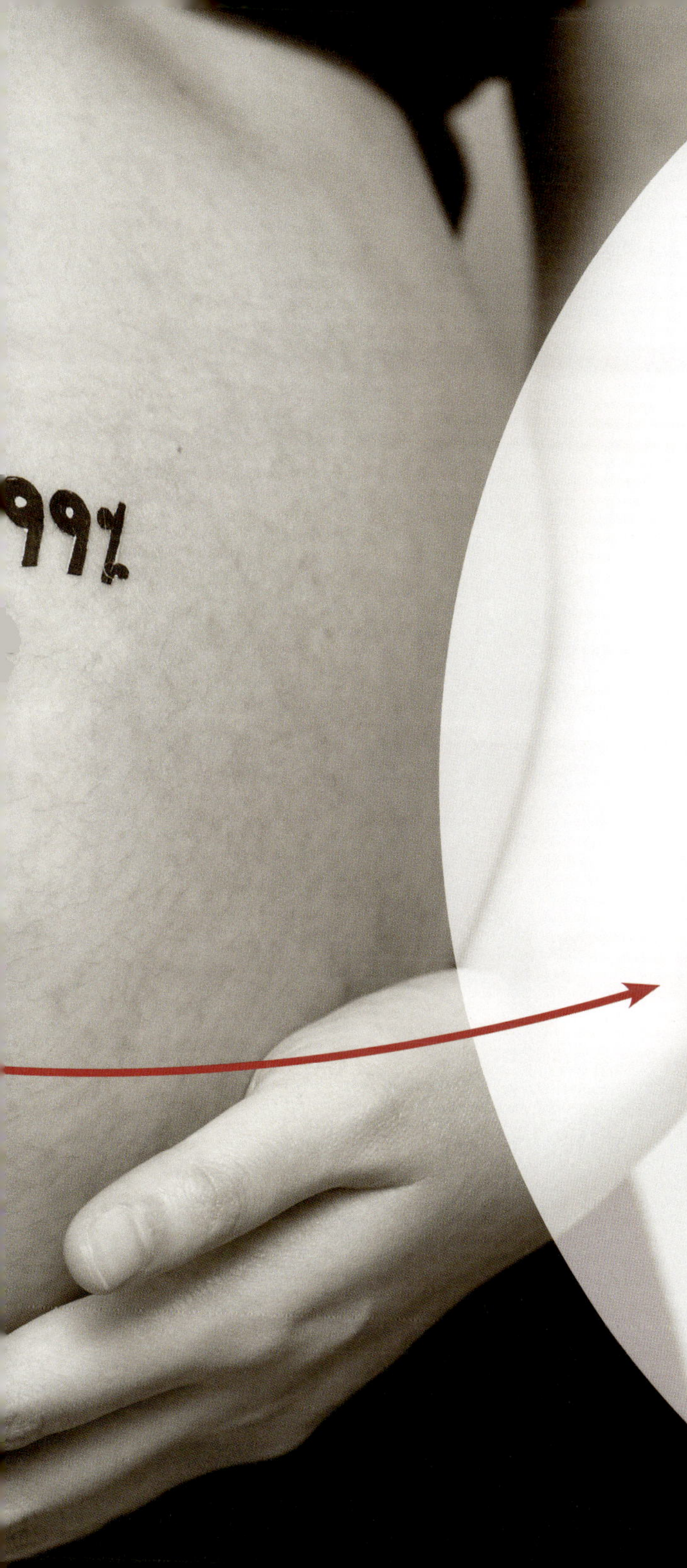

ich wurde nicht gefragt
bei meiner geburt
und die mich gebar
wurde auch nicht gefragt
bei ihrer geburt
niemand wurde gefragt
außer dem Einen

und der sagte
ja

Kurt Marti

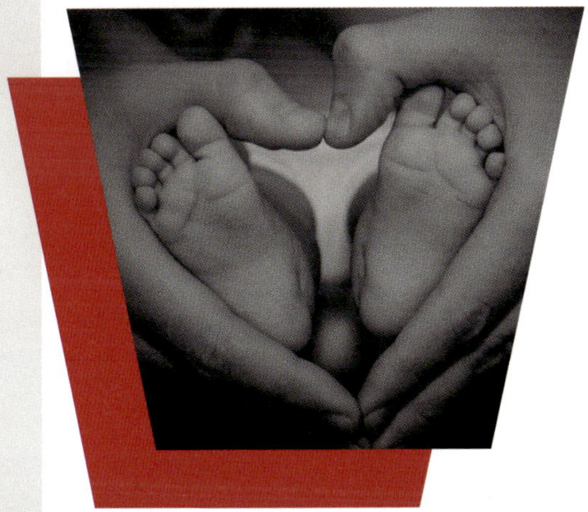

Du hast einen Account bei Facebook, bei Instagram bist du angemeldet und Snapchat nutzt du natürlich auch.

Du postest gerne deinen aktuellen Status. Du likest und teilst und kommentierst. Du hast unzählige Freunde und Follower.

PROFIL ZEIGEN

Du sagst,
du bist so
mit Gott und der Welt vernetzt

wirklich?

Ich denke:
Schön wärs,
denn darum geht es:

Glücklich der Mensch,
der
mit Gott und der Welt
in Verbindung steht.

fr

CARPE DIEM

Könnte ich mein Leben noch einmal von vorn beginnen,
würde ich versuchen, mehr Fehler zu machen.
Ich würde alberner sein, würde ganz locker werden,
nur noch ganz wenige Dinge ernst nehmen.
Ich würde entschieden verrückter sein und weniger reinlich.
Ich würde mehr Gelegenheiten beim Schopfe ergreifen
und öfter auf Reisen gehen.
Ich würde mehr Berge ersteigen,
mehr Flüsse durchschwimmen
und mehr Sonnenaufgänge auf mich wirken lassen.
Ich würde mehr Schuhsohlen durchlaufen,
mehr Eis und weniger Bohnen essen.
Ich würde mehr echte Probleme und weniger eingebildete Nöte haben.
Wie Sie bemerkt haben werden,
bin ich eine von denen, die vorsorglich, vernünftig und gesund leben.
Stunde für Stunde, Tag für Tag.

Nun, ich habe meine verrückten Augenblicke,
aber wenn ich noch einmal von vorn anfangen könnte,
würde ich mehr verrückte Augenblicke haben -
genau gesagt: Augenblicke, einen nach dem anderen, und nichts mehr
von Plänen zehn Jahre voraus.
Wissen Sie, ich bin eine von denen, die für alle Fälle Thermometer,
Wärmflasche, Gurgelwasser, Regenmantel und
Fallschirm bei sich haben.
Hätte ich ein zweites Leben, ich würde sie zu Hause lassen.

Könnte ich mein Leben noch einmal von vorn beginnen,
ich würde in aller Herrgottsfrühe barfuß in den Frühlingsmorgen laufen
und als Letzte sagen: Jetzt ist der Herbst dahin.
Ich würde mehr Hockey spielen, und vom Karussell würden Sie mich
nicht mehr herunterbringen.

Gertrude Wilkinson

„**Bitte** hängt euch nicht hinten
an den Schwanz der Geschichte an.
Seid die Hauptdarsteller!
Spielt im Sturm!
Schießt nach vorne!

Baut eine bessere Welt auf,
eine Welt von Brüdern und Schwestern,
eine Welt der Gerechtigkeit,
der Liebe, des Friedens,
der Brüderlichkeit, der Solidarität!

Spielt immer im Sturm!"

Papst Franziskus

(Vigilfeier mit den Jugendlichen beim Weltjugendtag 2013, 27.07.2013)

Video zum Song „One of us“
von Joan Osborne

GOTT

Gott ganz leise

Gott
Sehnsucht tief in mir
Fragezeichen meines Lebens
Geheimnis meiner Fragen
Leere meines Verstehens
Schweigen wenn ich dich brauche
Hoffnung wenn alles zerbricht
Stimme tief in mir
Ganz leise
Du

kv

Einmal hat Gott der Welt erklärt:
Nur ich allein bin der Herr!
Ich dulde keine Götter neben mir,
Du sollst immer nur mich verehren.
Sprich meinen Namen nicht unnütz aus,
quäl Dich sechs Tage, bleib am siebten zu Haus.

Ich schuf den Himmel und die Erde und auch das Meer,
einmal in der Woche dankst Du mir dafür.
Ehre Deine Eltern, damit Du lange lebst,
in diesem Land, das der Herr Dir gibt!

Du sollst nicht töten und Du sollst nicht stehlen
und Du sollst in der Ehe nicht fremdgehen.
Du sollst nicht lügen und nichts Falsches erzählen,
ein ehrliches, redliches Leben wählen.
Das Haus und die Frau Deines Nächsten nicht begehren
und nichts von dem, was Deinem Nächsten gehört.

Wenn ich Du wär, lieber Gott,
und wenn Du ich wärst, lieber Gott,
glaubst Du, ich wäre auch so streng mit Dir?
Wenn ich Du wär, lieber Gott,
und wenn Du ich wärst, lieber Gott,
würdest Du die Gebote befolgen
nur wegen mir?

Die Toten Hosen

NICH

NICHT B

NICH

DIE ZEHN

STEHLEN
NICHT LÜGEN
EHREN …
ELTERN EHREN
FREMDGEHEN
KEINE ANDEREN GÖTTER VEREHREN
!?
GEBOTE

ONE OF US

If God had a name what would it be?
And would you call it to his face if you'd be faced with him in all his glory?
What would you ask if you had just one question?
What if God was one of us?
Just a slough like one of us?
Just a stranger on the bus,
tryin' to make his way home?
If God had a face what would it look like?
And would you wanna see if seein' meant that you would have to believe
in things like heaven and in Jesus and the saints and all the prophets?

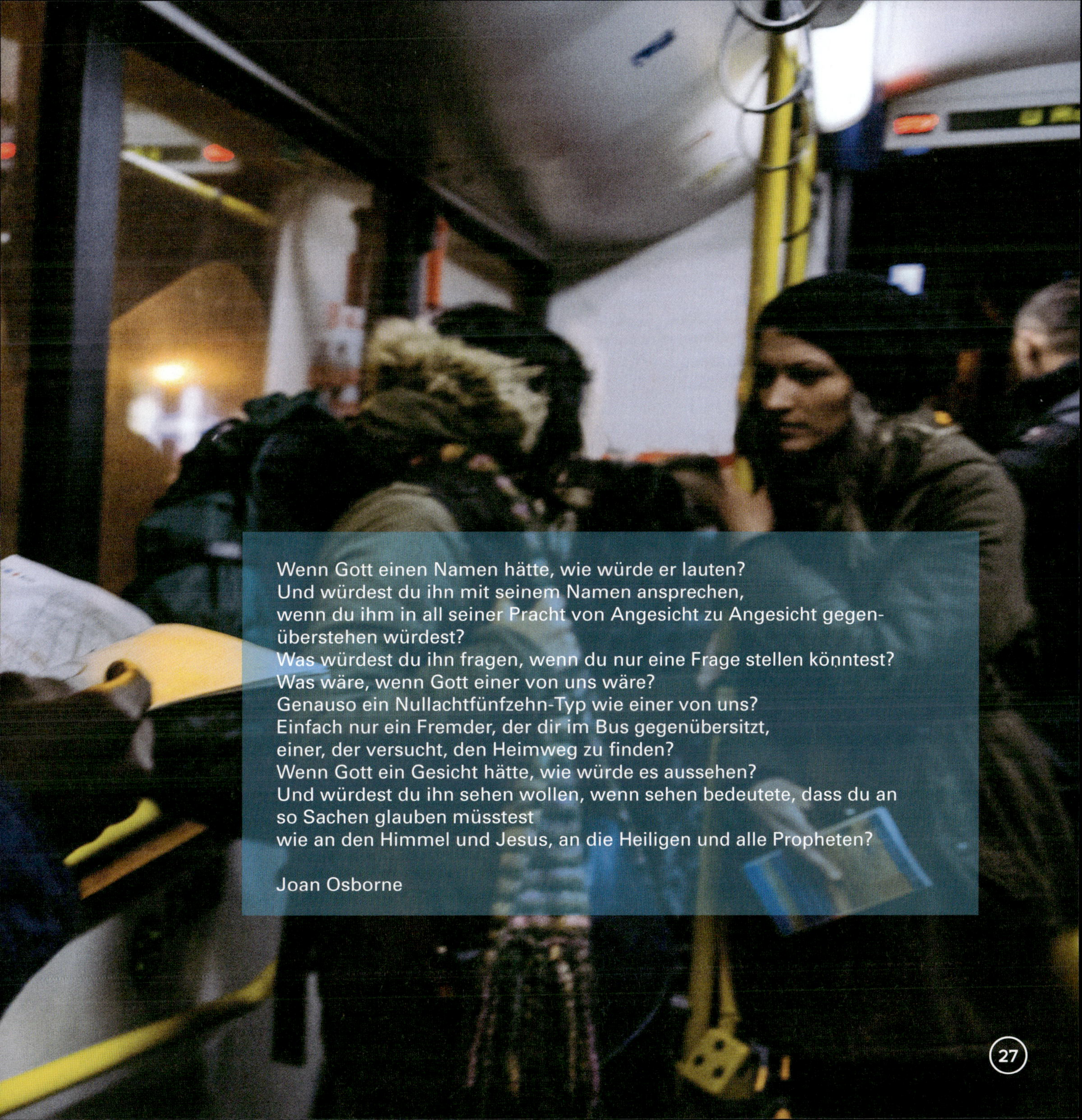

Wenn Gott einen Namen hätte, wie würde er lauten?
Und würdest du ihn mit seinem Namen ansprechen,
wenn du ihm in all seiner Pracht von Angesicht zu Angesicht gegenüberstehen würdest?
Was würdest du ihn fragen, wenn du nur eine Frage stellen könntest?
Was wäre, wenn Gott einer von uns wäre?
Genauso ein Nullachtfünfzehn-Typ wie einer von uns?
Einfach nur ein Fremder, der dir im Bus gegenübersitzt,
einer, der versucht, den Heimweg zu finden?
Wenn Gott ein Gesicht hätte, wie würde es aussehen?
Und würdest du ihn sehen wollen, wenn sehen bedeutete, dass du an
so Sachen glauben müsstest
wie an den Himmel und Jesus, an die Heiligen und alle Propheten?

Joan Osborne

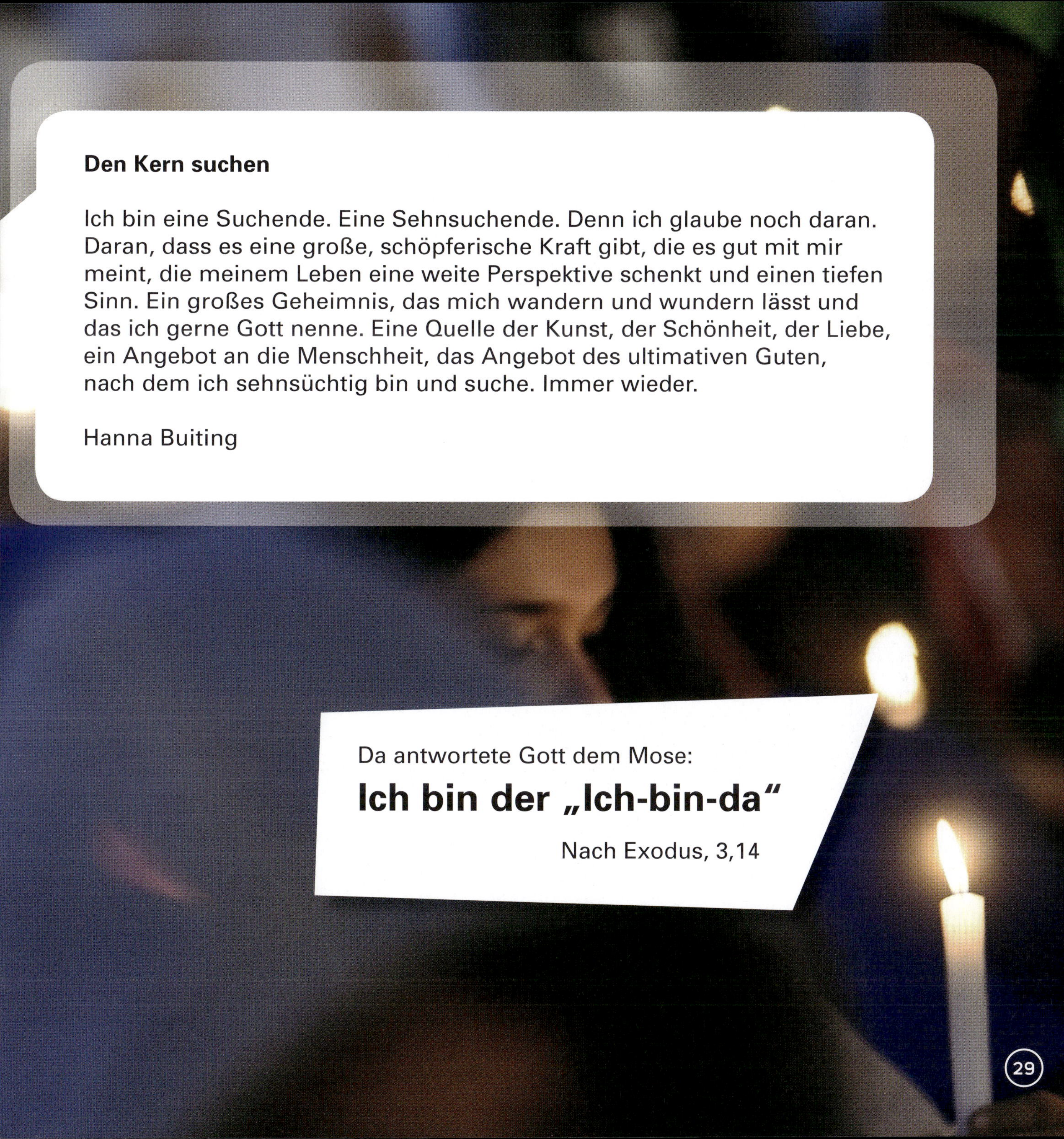

Den Kern suchen

Ich bin eine Suchende. Eine Sehnsuchende. Denn ich glaube noch daran. Daran, dass es eine große, schöpferische Kraft gibt, die es gut mit mir meint, die meinem Leben eine weite Perspektive schenkt und einen tiefen Sinn. Ein großes Geheimnis, das mich wandern und wundern lässt und das ich gerne Gott nenne. Eine Quelle der Kunst, der Schönheit, der Liebe, ein Angebot an die Menschheit, das Angebot des ultimativen Guten, nach dem ich sehnsüchtig bin und suche. Immer wieder.

Hanna Buiting

Da antwortete Gott dem Mose:

Ich bin der „Ich-bin-da"

Nach Exodus, 3,14

Gottes Schöpfung

„Als Verwalter von Gottes Schöpfung
sind wir berufen,
die Erde zu einem wunderschönen Garten
für die Menschheitsfamilie zu machen.
Wenn wir unsere Wälder zerstören,
unseren Erdboden verwüsten und unsere
Meere verseuchen,
verraten wir diese edle Berufung.

Papst Franziskus
(Begegnung mit den Jugendlichen, Sportplatz der
Santo-Tomas-Universität, Manila, 18. Januar 2015)

JESUS CHRISTUS

Video zum Song „Jesus Christ“
von Woody Guthrie in einer Version von U2

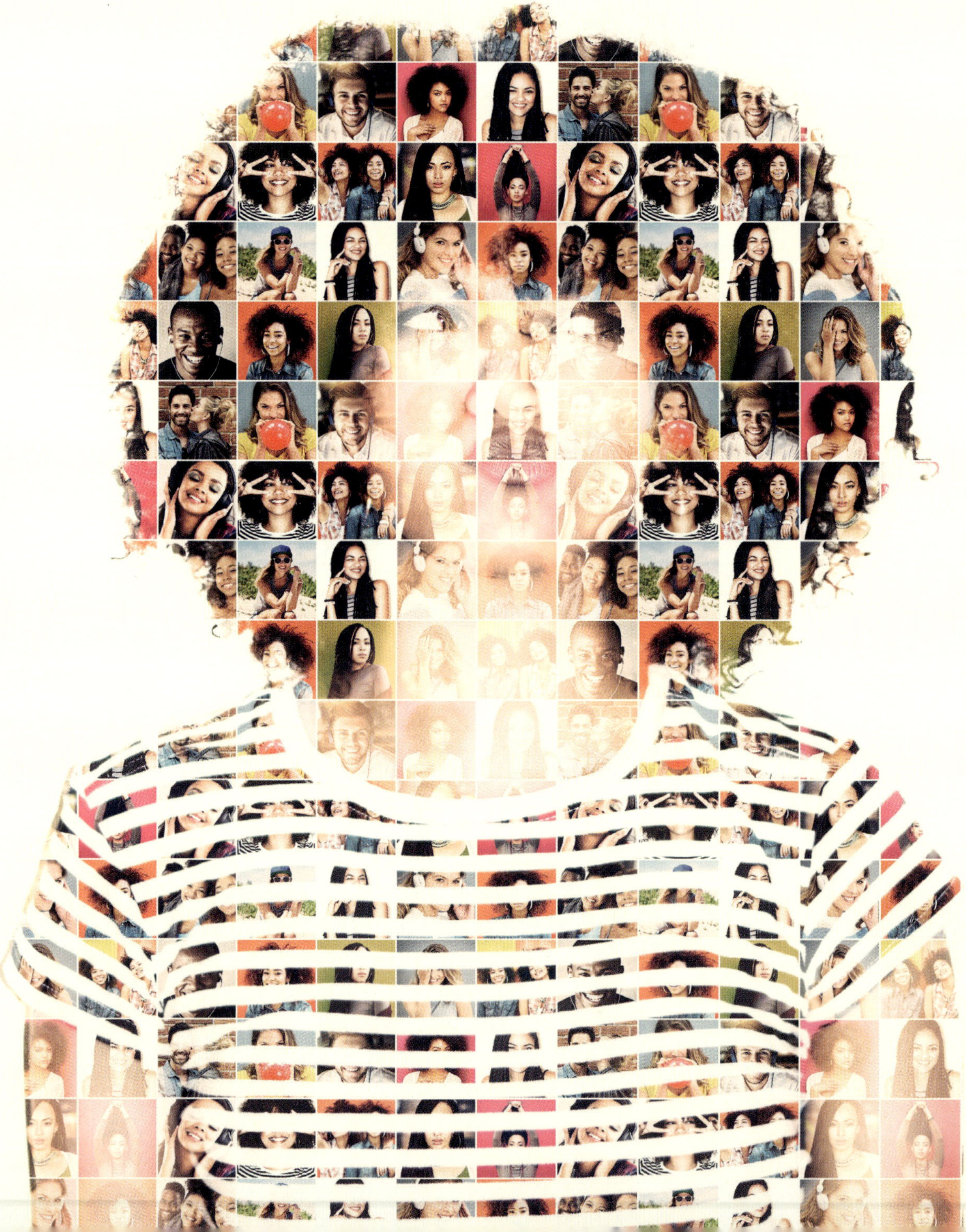

Wer ist Jesus Christus

Jesus Christus
Wanderprediger
Lebenskünstler
Verrückter
Geschichtenerzähler
Philosoph
Kundschafter Gottes

Und weil
kein Wort
dich wirklich kennt
sage ich einfach

Jesus Christus
unterwegs mit mir

kv

Finde die Wahrheit

Jesus
Hat uns mit seiner Kreuzigung gezeigt:
Wir sind unsterblich,
wir müssen nur die Wahrheit erkennen
und danach leben.
Alles, was er tat, können auch wir tun.
Eine Menge Menschen haben das Gleiche wie er durchgemacht,
aber er ist als Einziger damit richtig berühmt geworden.
Ob du Rockstar bist oder Verkäuferin bei Woolworth:
Finde die Wahrheit, und du hast
den Sinn des Lebens gefunden.

Sinead O' Connor

Der glücklichste Mensch

Ich halte Jesus von Nazareth für den glücklichsten Menschen, der je gelebt hat. Ich denke, dass die Kraft seiner Fantasie aus dem Glück heraus verstanden werden muss. Alle Fantasie ist ins Gelingen verliebt, sie lässt sich etwas einfallen, sprengt immer wieder die Grenzen und befreit die Menschen, die sich unter diesen Grenzen in Opfer und Entsagung, in Repression und Rache ducken und sie so ewig verlängern. Jesus erscheint in der Schilderung der Evangelien als ein Mensch, der seine Umgebung mit Glück ansteckte, der seine Kraft weitergab, der verschenkte, was er hatte. Das konventionelle Bild von Jesus hat immer seinen Gehorsam und seinen Opfersinn in den Vordergrund gestellt. Aber Fantasie, die aus Glück geboren wird, scheint mir eine genauere Beschreibung seines Lebens. Sogar sein Tod wäre missdeutet als das tragische Scheitern eines Glücklosen, er wäre zu kurz verstanden, wenn nicht die Möglichkeit der Auferstehung in Jesus selber festgehalten würde! Auferstehung als die weitergehende Wahrheit der Sache Jesu ist aber im Tode dieses Menschen gegenwärtig; er hat den Satz „Ich bin das Leben" auch im Sterben nicht zurückgenommen.

Dorothee Sölle

Glück

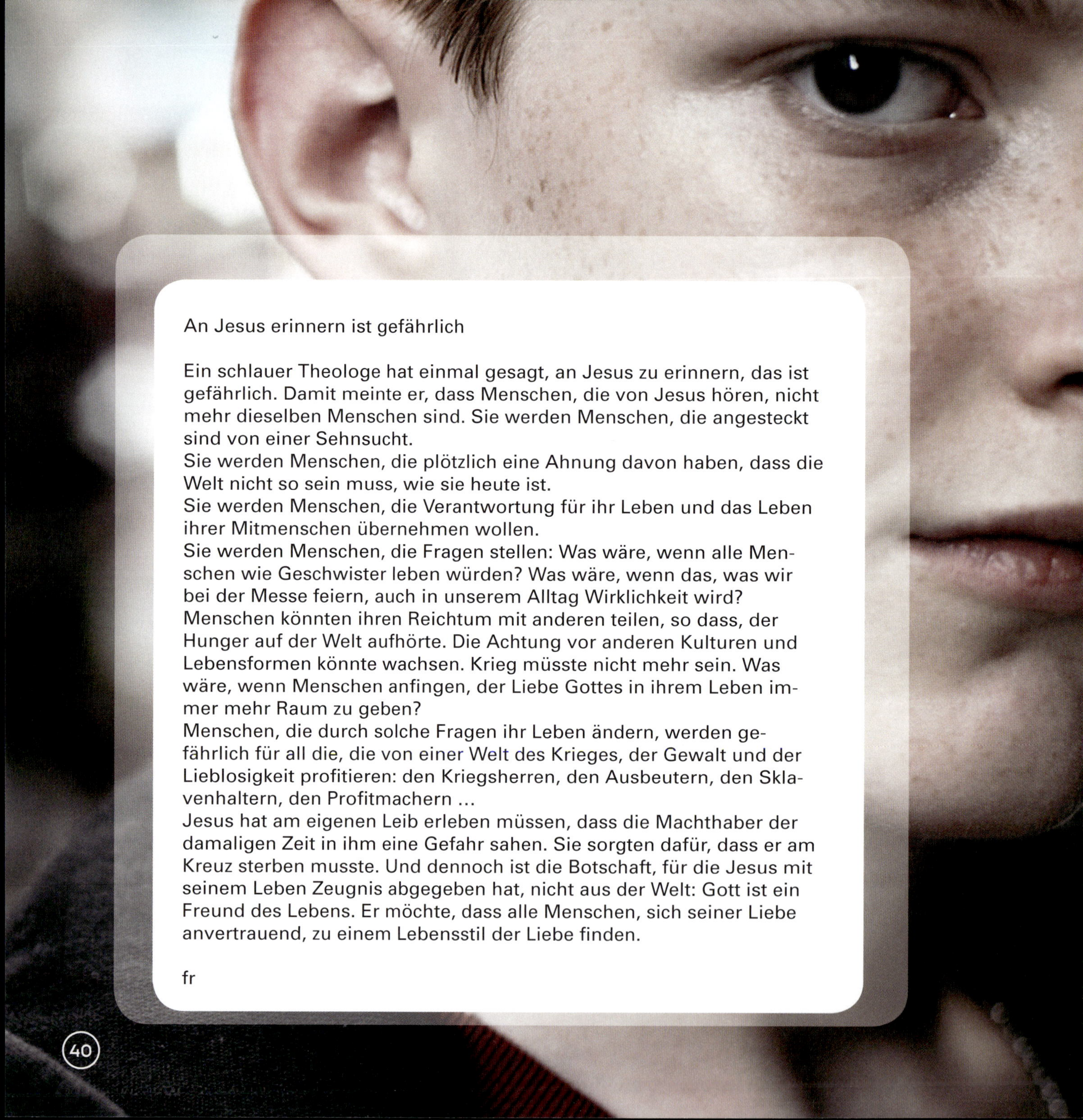

An Jesus erinnern ist gefährlich

Ein schlauer Theologe hat einmal gesagt, an Jesus zu erinnern, das ist gefährlich. Damit meinte er, dass Menschen, die von Jesus hören, nicht mehr dieselben Menschen sind. Sie werden Menschen, die angesteckt sind von einer Sehnsucht.
Sie werden Menschen, die plötzlich eine Ahnung davon haben, dass die Welt nicht so sein muss, wie sie heute ist.
Sie werden Menschen, die Verantwortung für ihr Leben und das Leben ihrer Mitmenschen übernehmen wollen.
Sie werden Menschen, die Fragen stellen: Was wäre, wenn alle Menschen wie Geschwister leben würden? Was wäre, wenn das, was wir bei der Messe feiern, auch in unserem Alltag Wirklichkeit wird? Menschen könnten ihren Reichtum mit anderen teilen, so dass, der Hunger auf der Welt aufhörte. Die Achtung vor anderen Kulturen und Lebensformen könnte wachsen. Krieg müsste nicht mehr sein. Was wäre, wenn Menschen anfingen, der Liebe Gottes in ihrem Leben immer mehr Raum zu geben?
Menschen, die durch solche Fragen ihr Leben ändern, werden gefährlich für all die, die von einer Welt des Krieges, der Gewalt und der Lieblosigkeit profitieren: den Kriegsherren, den Ausbeutern, den Sklavenhaltern, den Profitmachern …
Jesus hat am eigenen Leib erleben müssen, dass die Machthaber der damaligen Zeit in ihm eine Gefahr sahen. Sie sorgten dafür, dass er am Kreuz sterben musste. Und dennoch ist die Botschaft, für die Jesus mit seinem Leben Zeugnis abgegeben hat, nicht aus der Welt: Gott ist ein Freund des Lebens. Er möchte, dass alle Menschen, sich seiner Liebe anvertrauend, zu einem Lebensstil der Liebe finden.

fr

Jesus

„Jesus ist nicht gekommen, um eine Philosophie, eine Ideologie zu lehren ... sondern einen Weg – einen Weg, der gemeinsam mit ihm zurückzulegen ist, und diesen Weg erlernt man, indem man ihn beschreitet, im Gehen.

Papst Franziskus
(Ansprache bei der Feier zur Erhebung neuer Kardinäle, 22.02.2014)

„Lassen wir uns von den Worten und Gesten Jesu herausfordern und von einem Leben träumen, das sich ganz in den Dienst der Liebe stellt."

Papst Franziskus
(https://twitter.com/pontifex_de/status/861181318687739905)

HEILIGER

GEIST

Video zum Song „Alles brennt“
von Johannes Oerding

GOTTES HEILIGER GEIST

Kein helles Feuer
Kein lautes Brausen
Kein ohrenbetäubender Lärm
Kein pompöser Auftritt
Keine Revolution

Ganz anders
der Geist Gottes
ein Flüstern
ganz leise
in mir

kv

Der Geist, der lebendig macht

Im Namen des Vaters und des Sohnes,
das ist vorstellbar, fassbar,
sogar anfassbar - salopp gesagt,
aber im Namen des Heiligen Geistes,
das ist nicht so berechenbar,
denn der Geist ist unsichtbar,
und der Heilige Geist
ist nicht nur unsichtbar,
der ist oft auch nicht erkennbar,
denn seine Welt ist fassungslos,
teilweise sogar sprachenlos,
für viele sogar aussichtslos;
er ist von wolkenloser Musikalität
und wenn man ihn wiegen könnte,
ganz leicht und deshalb so schwierig,
je leichter der Heilige Geist,
desto mehr steckt in ihm,
er weiß alles, sieht und hört alles,
auch jetzt sieht und hört er uns,
er ist im Auftrage Gottes unterwegs,
uns das Schwere leicht zu machen.

Ich will nicht sagen,
dass er immer bei uns ist,
wie man wohl in manchen Vorträgen
hört, er hat auch alle anderen Lebewesen
in Gottes Welt zu beflügeln.

Wie oft hat er uns verlassen,
der Heilige Geist,
das heißt eigentlich
wir haben ihn verlassen;
wie oft hat er es uns schwer gemacht,
das heißt, wir haben es ihm schwer
gemacht;
und es gibt ja auch Tage bei uns,
wo wir ihn wirklich nicht spüren
mit unserem kleinen
Menschenglauben,
wo wir ihn uns jedes mal aufs Neue
erfühlen müssen
und glücklich sind,
wenn das Schwere plötzlich in uns abfällt
und der Geist
hier in uns und bei uns ist und Probleme
sich aus dem Staub machen und die
Menschen wieder
anfangen zu lächeln.
Gott ist leicht,
Gott ist nicht schwer,
Gott ist schwierig,
ist kompliziert,
ist hoch differenziert,
aber nicht schwer.

Gott ist das Lachen, nicht das Gelächter,
Gott ist die Freude, nicht die
Schadenfreude,
das Vertrauen, nicht das Misstrauen,
er gab uns den Sohn, um uns zu ertragen,
und er schickte seit Jahrtausenden
Heiligen Geist in
die Welt
dass wir zuversichtlich sind
dass wir uns freuen
dass wir aufrecht gehen ohne Hochmut
dass wir jedem die Hand reichen
ohne Hintergedanken
und im Namen Gottes
Kinder sind
in allen Teilen der Welt

Hanns Dieter Hüsch

GEIST DER BEFREIUNG

Geist der Freiheit,
Hauch des Lebens,
lass dich auf mir nieder.
Ströme tief in mich hinein
und vertreibe meine Angst.
Mein Mund wird dein Mund,
meine Hände werden deine Hände,
und dein Mut wird
meine Befreiung sein.

kv

Komm

wie ein reinigender Sturm
und wirbel kräftig durcheinander
unsere Welt der Finanzströme
und Gewinnmaximierung

Komm

wie ein belebender Wind
und lass lebendig werden
Fantasie, Kreativität und Lebenslust

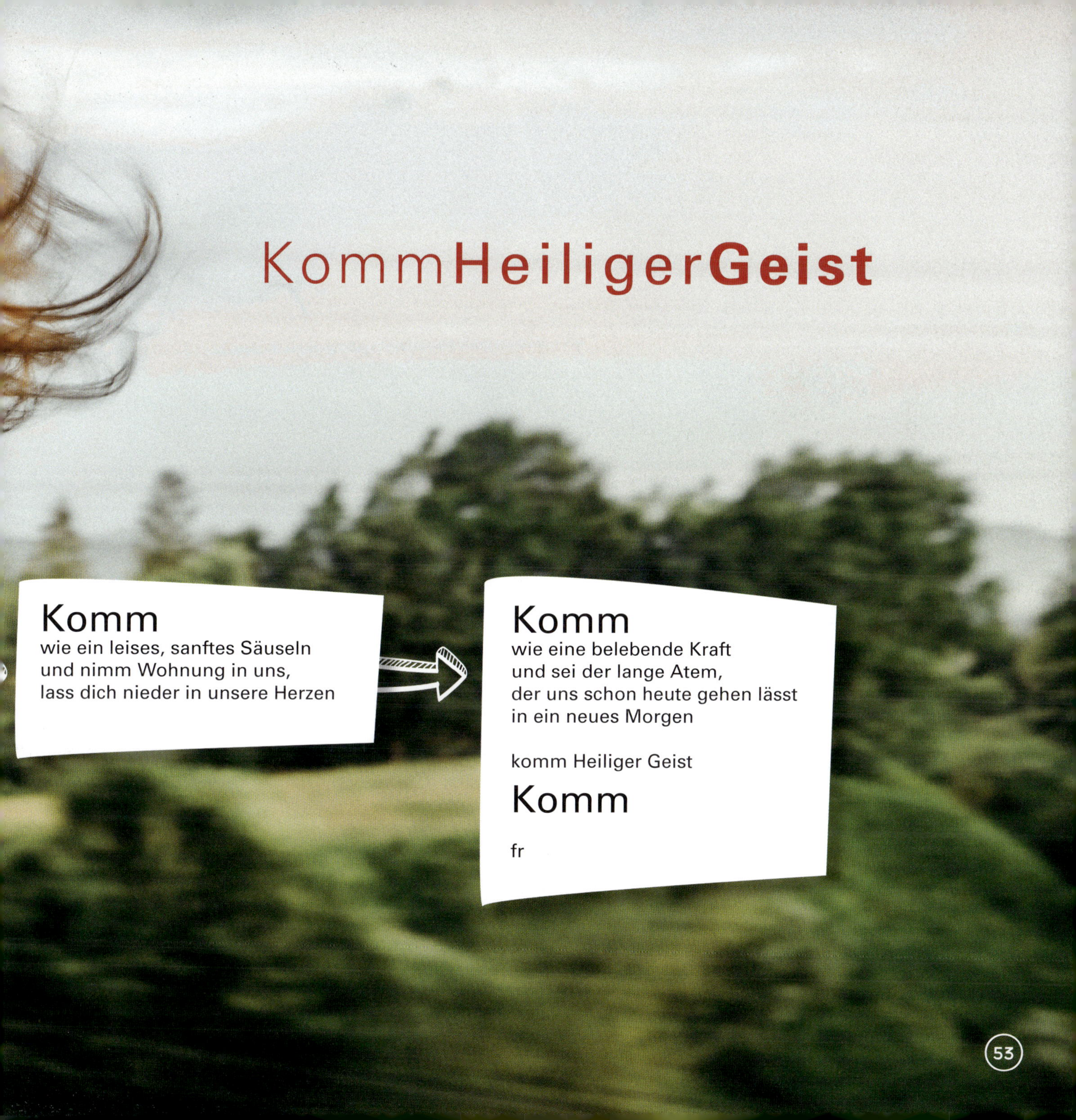

Komm Heiliger **Geist**

Komm
wie ein leises, sanftes Säuseln
und nimm Wohnung in uns,
lass dich nieder in unsere Herzen

Komm
wie eine belebende Kraft
und sei der lange Atem,
der uns schon heute gehen lässt
in ein neues Morgen

komm Heiliger Geist

Komm

fr

„Um es klar zu sagen:
Der Heilige Geist stört uns,
weil er uns in Bewegung versetzt,
weil er uns gehen lässt,
weil er die Kirche drängt,
vorwärtszugehen.

Denn er ist Gott,
und er ist jener Wind,
der geht und kommt,
und du weißt nicht, woher.

Er ist die Kraft Gottes,
er ist der, der uns den Trost
und die Kraft gibt, voranzugehen.

Aber: voranzugehen!
Und das stört:
Das Bequeme ist schöner."

Papst Franziskus

KIRCHE

Kurzfilm: „Kirche geht“

Weil ich nicht allein sein will
Weil ich andere Menschen suche
Weil ich über mein Leben sprechen will
Weil ich mit anderen Menschen lachen will
Weil ich in traurigen Momenten getröstet werden will
Weil ich mit anderen Menschen den Sinn des Lebens suchen will

Gemeinsam Gott auf die Spur kommen

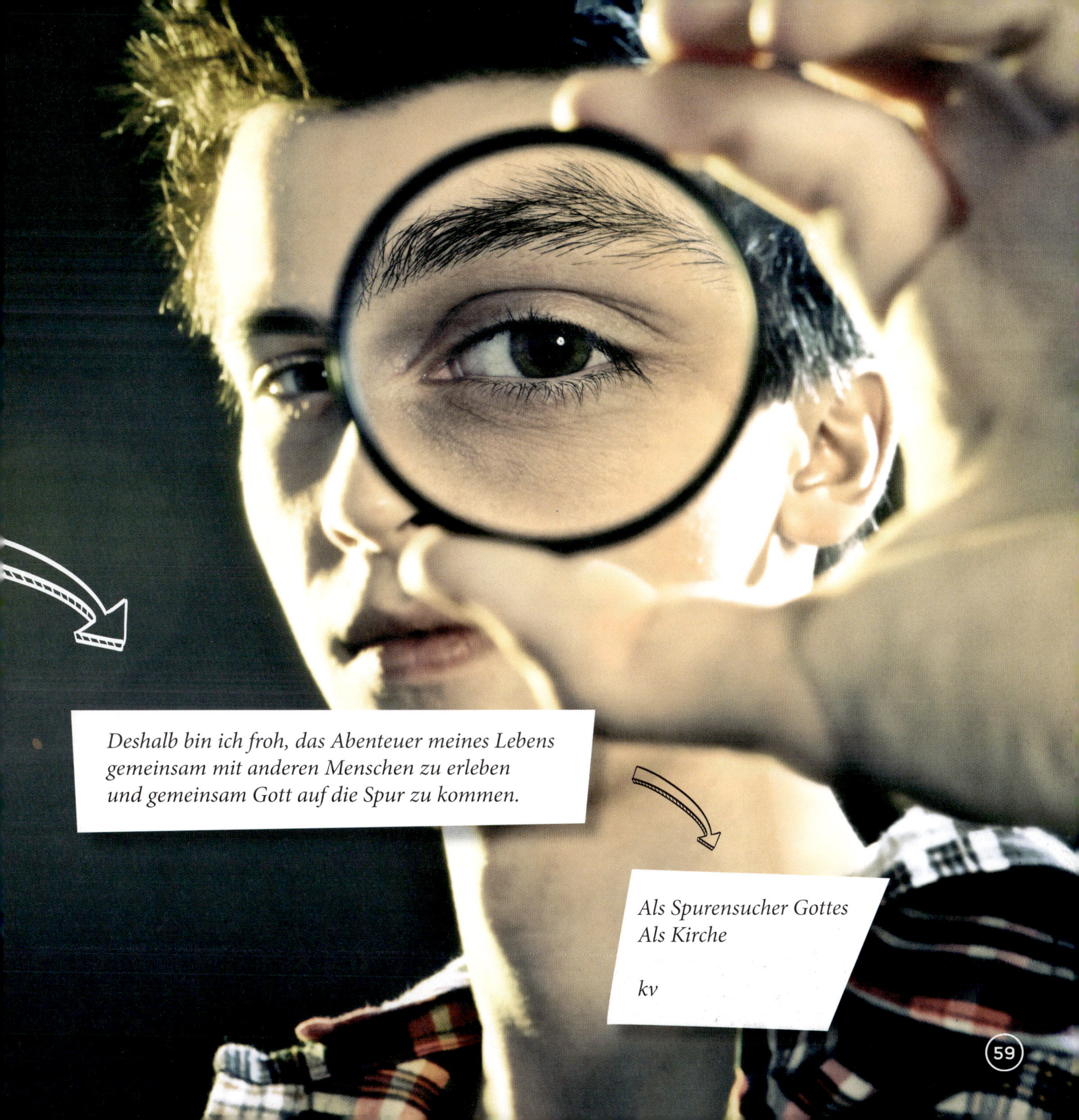

Deshalb bin ich froh, das Abenteuer meines Lebens gemeinsam mit anderen Menschen zu erleben und gemeinsam Gott auf die Spur zu kommen.

Als Spurensucher Gottes
Als Kirche

kv

Eine Geschichte von Gott

Als Gott nach langem Zögern wieder mal nach Hause ging, war es sagenhaftes Wetter, und das Erste, was Gott tat, war, die Fenster sperrangelweit zu öffnen, um sein Häuschen gut zu lüften. Und Gott dachte, vor dem Essen werd ich mir noch kurz die Beine vertreten, und er lief den Hügel hinab zu jenem Dorf, von dem er genau wusste, dass es da lag.

Und das Erste, was Gott auffiel, war, dass mitten im Dorf während seiner Abwesenheit etwas geschehen war, was er nicht kannte. Mitten auf dem Platz stand eine Masse mit einer Kuppel und einem Pfeil, der pedantisch nach oben wies. Und Gott rannte mit Riesenschritten den Hügel hinab, stürmte die monumentale Treppe hinauf und befand sich in einem unheimlichen, nasskalten, halbdunklen, muffigen Raum. Und dieser Raum hing voll mit allerlei merkwürdigen Bildern: viele Mütter mit Kindern mit Reifen überm Kopf und ein fast sadistisches Standbild von einem Mann an einem Lattengerüst. Und der Raum wurde erleuchtet von einer Anzahl fettiger, gelblich-weißer triefender Substanzen, aus denen Licht leckte. Er sah auch eine höchst unwahrscheinliche Menge kleiner Kerle herumlaufen mit dunkelbraunen und schwarzen Kleidern und dicken Büchern unter müden Achseln, die selbst aus einiger Entfernung leicht modrig rochen.

„Komm mal her ... was ist das hier?“

„Was das ist? Das ist eine Kirche, mein Freund, das ist das Haus Gottes, Freund.“

„Aha ... wenn das hier das Haus Gottes ist, Junge, warum blühen hier dann keine Blumen, warum strömt dann hier kein Wasser und warum scheint dann hier die Sonne nicht, Bürschchen?“

„Das weiß ich nicht.“

„Kommen hier viele Menschen her, Knabe?“

„Es geht in letzter Zeit ein bisschen zurück, mein Freund.“

„Und woher kommt das deiner Meinung nach, oder hast du keine?“

„Der Teufel ... ‘s ist der Teufel, der Teufel ist in die Menschen gefahren, die Menschen denken heutzutage, dass sie selbst Gott sind, und sitzen lieber auf ihrem Hintern in der Sonne.“

Und Gott lief fröhlich pfeifend aus der Kirche auf den Platz, da sah er auf einer Bank einen kleinen Kerl in der Sonne sitzen und Gott schob sich neben das Männlein, schlug die Beine übereinander und sagte: „... Kollege!“

Herman van Veen

Plädoyer für „oben ohne“

*Es ist viel zu anstrengend,
den ganzen Tag über
seinen eigenen
Heiligenschein hoch zu halten.*

*Ganz abgesehen
von dem ungeheuren Zeitaufwand,
den es erfordert,
dieses Accessoire
mehrmals täglich
zu polieren.*

*In der Kirche
kann man auf solches
Blendwerk ruhig verzichten.
Viel anziehender als ein heiliger Schein
sind Menschen, die sich
mit ihren Stärken und Schwächen
gerade in die Augen schauen können.*

kv

MEINE ZUKUNFTSVISION DER KIRCHE

„Christen – das sind interessante Leute“, werden viele Menschen in einigen Jahren sagen, wenn sie auf Männer und Frauen, Kinder und Jugendliche treffen, die der christlichen Kirche angehören. „Sie haben etwas“, sagt man von ihnen, ohne so genau formulieren zu können, was das genau ist: Sie strahlen etwas aus. Sie ruhen in sich, getragen von einer inneren Kraft, von einer Überzeugung, die sie leitet. Sie gehen achtsam und feinfühlig mit anderen um, haben ein offenes Ohr für das, was andere bewegt. Sie sind aufmerksam und nehmen vieles wahr, was andere übersehen. Und sie sind hilfsbereit, verlässlich und setzen sich ein, wo Not ist. Von ihnen geht eine freundliche Wärme aus [...]
Es ist zu spüren, dass sie aus einer tiefen Innerlichkeit leben, die ihnen den Zugang zu einer Kraft, zu einer Wirklichkeit eröffnet, die weit hinausreicht über alles, was auf dieser Erde zu sehen und zu begreifen ist. [...]

Die Christen der Zukunft sind untereinander gut vernetzt. In den Dörfern, kleineren Städten und in den verschiedenen Regionen der Großstädte gibt es überall kleine Gemeinschaften, die sich mehr oder weniger regelmäßig treffen. Sie kommen im zwei- oder dreiwöchigen Abstand in ihren Wohnungen zusammen, um sich darüber auszutauschen, wie sie ihren Glauben im Alltag leben können. [...] Viele von ihnen nehmen auch sehr regelmäßig an Weiterbildungen und Exerzitien teil, die in kirchlichen Bildungshäusern und einzelnen Klöstern angeboten werden. Manche haben sich auch besonderen geistlichen Gemeinschaften angeschlossen, in denen sie noch intensiver um ihren christlichen Glauben und um ein christliches Leben ringen.

Die christliche Kirche der Zukunft ist keine Volkskirche. Aber sie hat eine beachtliche Zahl an Mitgliedern, die aus persönlicher Überzeugung ihre christliche Kirche tragen und gestalten. Das macht die Kirche stark und oft auch einflussreich. [...] Christen haben keine Scheu, sich in ihrer alltäglichen Umgebung zu erkennen zu geben. Sie sind gefragt und werden gehört, weil sie die Fähigkeit besitzen, eine alte Glaubenstradition in die gegenwärtige Zeit zu übersetzen. Es gelingt ihnen, immer wieder überraschend weise und hilfreiche Antworten auf die komplexen Fragen und Probleme der Gegenwart zu finden. [...]
Die Kirche der Zukunft strahlt aus, ist freundlich und dient den Menschen. Sie hat einen Platz in der Gesellschaft, weil sie aus überzeugten und überzeugenden Frauen und Männern, Mädchen und Jungen besteht, für die der christliche Glaube eine wirkliche Lebensquelle ist.

Klaus Pfeffer

Mir ist eine „verbeulte“ Kirche, die verletzt und beschmutzt ist, weil sie auf die Straßen hinausgegangen ist, lieber als eine Kirche, die aufgrund ihrer Verschlossenheit und ihrer Bequemlichkeit, sich an die eigenen Sicherheiten zu klammern, krank ist. Ich will keine Kirche, die darum besorgt ist, der Mittelpunkt zu sein, und schließlich in einer Anhäufung von fixen Ideen und Streitigkeiten verstrickt ist.

Papst Franziskus

(Evangelii gaudium 49)

WEGENTS

CHEIDUNG

Kurzfilm: „Leben GmbH“

Trotz aller Zweifel

Soll ich – oder soll ich nicht?
Will ich – oder will ich nicht?
Kann ich – oder kann ich nicht?

Ich grüble, frage, wäge ab.
Mal glaube ich, mal zweifle ich.
Und bin mir nie ganz sicher.

Doch es gibt die Momente,
Da sage ich trotz aller Zweifel
Ja!

kv

ja!

DAS WILL ICH SEHEN

Ich will sehen, wie sein Zelt bei den
Menschen ist und er bei ihnen weilt.
Das will ich sehen.
Ich will sehen, wie sie seine Völker sind
und er selbst bei ihnen ist.
Das will ich sehen. (Das will ich sehen.)
Ich will sehen, wie Wolf und Lamm einträchtig weiden
und der Löwe Stroh frisst wie ein Stier.
Ich will sehen, wie kein Schaden gestiftet
wird noch irgendwie Verderben
auf seinem ganzen heiligen Berg.
Das will ich sehen. (Das will ich sehen.)
Ich will sehen, wie er Kriege aufhören
lässt bis an das äußerste Ende der
Erde. Das will ich sehen.
Ich will sehen, wie sie ihre Schwerter zu
Pflugscharen schmieden.
Das will ich sehen. Das will ich sehen.
Ich will sehen, wie er jede Träne von
ihren Augen abwischt
und der Tod nicht mehr ist.
Ich will sehen, dass weder Trauer noch
Schmerz noch Geschrei mehr sind,
weil sie mit den früheren Dingen vergangen
sind.
Das will ich sehen. Das will ich sehen.
(Das will ich sehen.)
Ich will sehen, wie die Augen der Blinden
geöffnet werden
und die Ohren der Tauben aufgetan werden.
Ich will sehen, wie der Lahme klettert wie
ein Hirsch und der Stumme jubelt.
Das will ich sehen. Das will ich sehen.

Ich will sehen, wie
die ganze Erde mit
seiner Erkenntnis
erfüllt ist,
wie die Wasser
das ganze Meer
bedecken.
Ich will sehen,
wie sie nicht
mehr hungern und
auch nicht mehr
dürsten.
Das will ich sehen. Das
will ich sehen. (Das will ich sehen.)
Ich will sehen, wie die Sanftmütigen die
Erde besitzen.
Das will ich sehen.
Ich will sehen, wie der Gerechte aufblüht
wie eine Palme.
Das will ich sehen. Das will ich sehen.
Ich will sehen, wie die Stunde kommt,
in der alle, die in den Gedächtnis-Gruften
sind,
seine Stimme hören und herauskommen.
Ich will sehen, wie die Gerechten selbst
die Erde besitzen werden
und sie immerdar darauf wohnen werden.
Das will ich sehen. (Das will ich sehen.)
Ich will sehen, wie das Meer diejenigen
Toten herausgibt, die darin sind,
und der Tod und der Hades diejenigen Toten
herausgeben, die darin sind.
Das will ich sehen. Das will ich sehen.

Sabrina Setlur

Salz der Erde und Licht der Welt

Ihr seid das Salz der Erde. Wenn das Salz seinen Geschmack verliert, womit kann man es wieder salzig machen? Es taugt zu nichts mehr, außer weggeworfen und von den Leuten zertreten zu werden. Ihr seid das Licht der Welt. Eine Stadt, die auf einem Berg liegt, kann nicht verborgen bleiben.

Man zündet auch nicht eine Leuchte an und stellt sie unter den Scheffel, sondern auf den Leuchter; dann leuchtet sie allen im Haus. So soll euer Licht vor den Menschen leuchten, damit sie eure guten Taten sehen und euren Vater im Himmel preisen.

Matthäusevangelium 5,13–16

UNTER DEN WOLKEN

Schöne Grüße von hier unten
Zu den Himmelhunden rauf
Wir halten hier die Stellung
Sind längst nicht abgetaucht
Die Welt steht grad auf ihrem Kopf
Der Wind hat sich gedreht
Ein grauer Schatten liegt auf unserm Weg
Unter den Wolken
Wird's mit der Freiheit langsam schwer
Wenn wir hier und heute
Alle wie betäubt sind
Unter den Wolken
Gibt's keine Starterlaubnis mehr
Für all die Träume
All unsre Träume
Es schüttet wie aus Eimern
Klitschnass von Kopf bis Fuß
Wir laufen durch die Pfütze
Benzin klebt an den Schuhen
Und ein, zwei Sonnenstrahlen
Ballen sich ihren Weg
Aus einem kleinen Hoffnungsschimmer
Kann das größte Licht entstehen

Unter den Wolken
Geben wir die Freiheit noch nicht her
Weil sie uns heute
Alles bedeutet
Unter den Wolken
Machen wir uns selbst ein Lichtermeer
Aus all den Träumen
Aus unsern Träumen
Unter den Wolken
Geben wir die Freiheit noch nicht her
Weil sie uns heute
Alles bedeutet
Unter den Wolken
Machen wir uns selbst ein Lichtermeer
Aus all den Träumen
Aus unsern Träumen
Unter den Leuchten
Unter den Leuchten
Schau, wie sie leuchten!
Wie sie leuchten!

Die Toten Hosen

„Wir sind eine Gesellschaft, die vergessen hat, wie man weint. Wir haben uns an die Leiden anderer gewöhnt. Es betrifft uns nicht, es interessiert uns nicht, es geht uns nichts an. (...) Die Wohlstandskultur macht uns unempfindlich für die Schreie der anderen und führt zur Globalisierung der Gleichgültigkeit. (...) Allzu oft sind wir durch unser angenehmes Leben geblendet und weigern uns, diejenigen wahrzunehmen, die vor unserer Haustür sterben."

Papst Franziskus

Kurzfilm: „Was bedeutet die Firmung?“

FIRMUNG

ja
ja

Meine ganz persönliche Firmung

Es gibt einen Moment
an dem ich
nicht viele Worte mache
es gibt einen Moment
an dem ich einfach „Ja“ sage:

Ja zu Gott
Ja zu meiner Sehnsucht nach Leben
Ja zu Jesus Christus
Ja zum Heiligen Geist
Ja zur Gemeinschaft

Und auch ein leises Ja
zu all den Geheimnissen
zwischen Himmel und Erde
die ich einfach nicht verstehen kann

Dieses persönliche „Ja“
heißt „Firmung“

kv

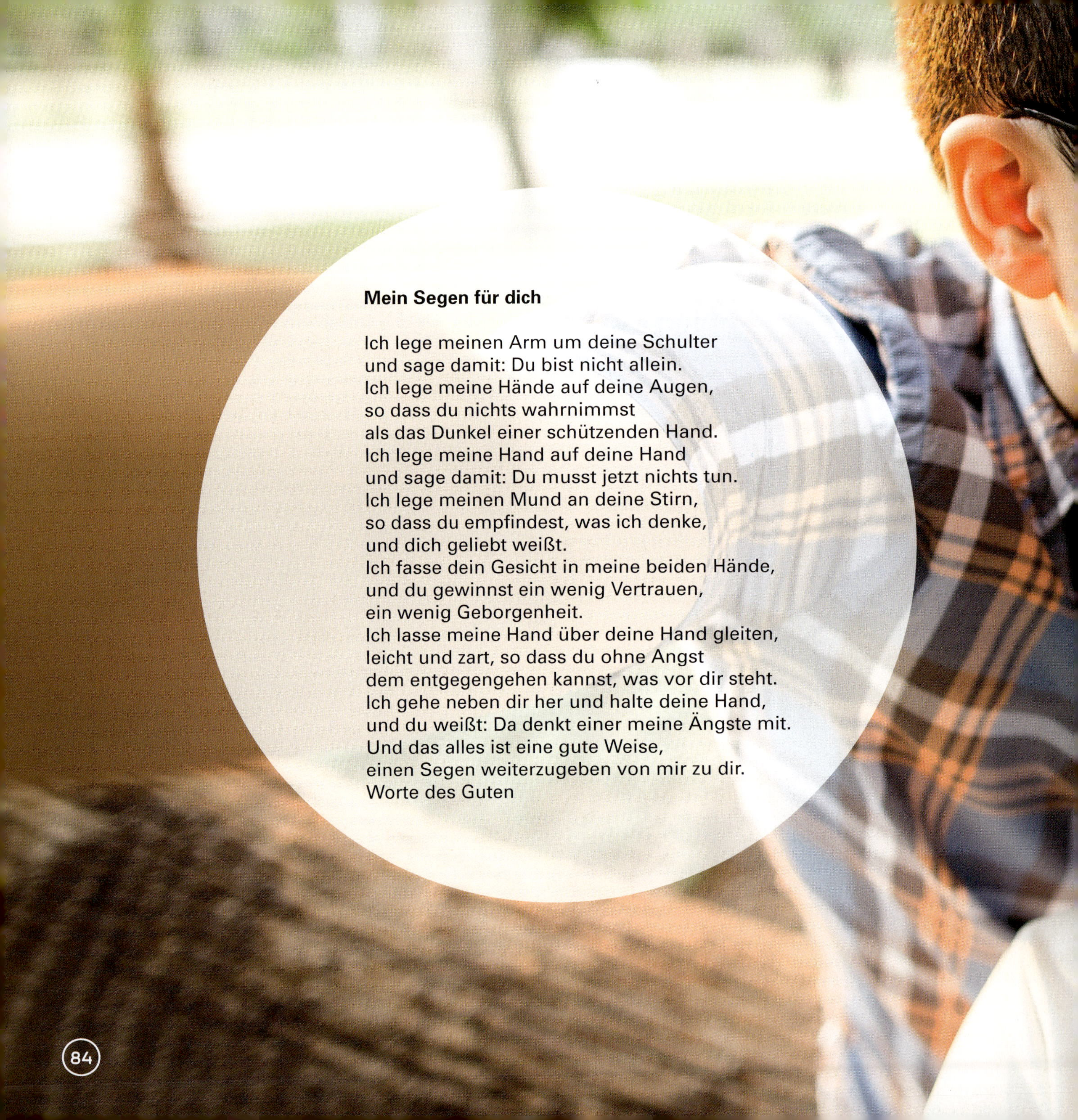

Mein Segen für dich

Ich lege meinen Arm um deine Schulter
und sage damit: Du bist nicht allein.
Ich lege meine Hände auf deine Augen,
so dass du nichts wahrnimmst
als das Dunkel einer schützenden Hand.
Ich lege meine Hand auf deine Hand
und sage damit: Du musst jetzt nichts tun.
Ich lege meinen Mund an deine Stirn,
so dass du empfindest, was ich denke,
und dich geliebt weißt.
Ich fasse dein Gesicht in meine beiden Hände,
und du gewinnst ein wenig Vertrauen,
ein wenig Geborgenheit.
Ich lasse meine Hand über deine Hand gleiten,
leicht und zart, so dass du ohne Angst
dem entgegengehen kannst, was vor dir steht.
Ich gehe neben dir her und halte deine Hand,
und du weißt: Da denkt einer meine Ängste mit.
Und das alles ist eine gute Weise,
einen Segen weiterzugeben von mir zu dir.
Worte des Guten

In der Sprache der Bibel
heißt das Wort für segnen
so viel wie „gut-sprechen".
Sagen: So ist es gut! So wird es gut sein!

Schon wenn ich dir sage: „Das hast du gut gemacht!",
habe ich dich in diesem Sinn gesegnet.
Wenn ich sage: „Möge dir auch künftig
etwas so Schönes gelingen!", gebe ich dir Mut
und habe dich im Grunde gesegnet.
Wenn ich sage: „Du hast mir geholfen! Ich danke dir!",
gebe ich dir auch damit eigentlich einen Segen.

Ich gebe dir in solchen Sätzen etwas mit,
das nicht von mir kommt, sondern anderswo her.
Wir wissen beide, dass wir Gelingen und Glück
nicht machen oder herbeizwingen können.
Sie kommen – oder sie kommen nicht.

Alles Wachstum und jedes Gedeihen
kommt von Gott.
Darum nenne ich es einen Segen,
wenn ich dir etwas Schönes wünsche:
Ich vertraue auf Gottes unendlichen Reichtum
und wünsche, dass dir etwas davon zugutekommt.

Jörg Zink

WORTE DES GUTEN

FEEL

Come and hold my hand
I wanna contact the living
Not sure I understand
This role I've been given
I sit and talk to God
And he just laughs at my plans
My head speaks a language
I don't understand

I just wanna feel
Real love feel the home that I live in

**

Komm und halte meine Hand
Ich will mit den Lebenden
in Berührung kommen
Ich bin mir nicht sicher
ob ich diese Rolle verstehe
die mir gegeben wurde

Ich sitze hier und
spreche mit Gott
Und er lacht nur
über meine Pläne
Mein Kopf spricht
eine Sprache
die ich nicht verstehe

Ich will einfach nur wahre
Liebe fühlen in dem Haus
in dem ich wohne

Robbie Williams

„Habt keine Angst, auf den Geist zu hören, der euch zu mutigen Entscheidungen drängt, bleibt nicht stehen, wenn das Gewissen euch einlädt, ein Risiko einzugehen, um dem Herrn zu folgen. Auch die Kirche möchte auf eure Stimme hören, auf eure Sensibilität, auf euren Glauben, ja auch auf eure Zweifel und eure Kritik. Lasst euren Schrei hören, lasst ihn in den Gemeinschaften erschallen und bis zu den Hirten gelangen."

Papst Franziskus
(Einladung zur Jugendsynode 2018)

Meine Seite

Lass deinen Gedanken freien Lauf und gestalte hier deine eigene Seite zu den Themen, die dich bewegen.

Die wichtigsten Texte dieses Firmkurses schreibst du.

Poste deine Texte auf Facebook:
www.facebook.com/DerFirmkurs/posts/

Eine Auswahl aller geposteten Texte erscheinen demnächst in deinem Menschen-Leben-Träume-Jugendgebetbuch.

QUELLENVERZEICHNIS

Texte:

S. 12/13 Marti, Kurt: geburt. Mit Genehmigung des Radius-Verlags entnommen aus: Kurt Marti, geduld und revolte. die gedichte am rand, © 2011 by Radius-Verlag, Stuttgart

S. 17 Wilkinson, Gertrude: Carpe Diem, Quelle unbekannt

S. 19 Papst Franziskus: Bitte, © Libreria Editrice Vaticana

S. 24 Die Toten Hosen: Die zehn Gebote, Musik: Wolfgang Rohde, Text: Andreas Frege, © EDTH/BMG Rights Management GmbH (Germany)

S. 26/27 Osborne, Joan: One Of Us, Text & Musik: Eric Bazilian, © by Human Boy Music - für D/A/CH by Edition Intro Meisel GmbH

S. 29 Buiting, Hanna: „Den Kern suchen“, aus: Maria Herrmann, Sandra Bils (Hg.): Vom Wandern und Wundern. Fremdsein und prophetische Ungeduld in der Kirche, Echter Verlag Würzburg 2017, S. 36

S. 31 Papst Franziskus: Gottes Schöpfung, © Libreria Editrice Vaticana

S. 37 O'Connor, Sinead: Jesus, Quelle unbekannt

S. 38 Sölle, Dorothee: Der glücklichste Mensch, aus: Dies., Phantasie und Gehorsam, Kreuz Verlag Stuttgart 1968, © Fulbert Steffensky

S. 43 Papst Franziskus: Jesus ist nicht gekommen, um …/Lassen wir uns von den Worten …, © Libreria Editrice Vaticana

S. 49 Hüsch, Hanns Dieter: Der Geist, der lebendig macht (Auszug), aus: Ders., Ein gütiges Machtwort, S. 36ff, 2007/3, © tvd-Verlag Düsseldorf 2001

S. 55 Papst Franziskus: Um es klar zu sagen, © Libreria Editrice Vaticana

S. 60 van Veen, Herman: Eine Geschichte von Gott, Text: Hermannus J. Herman van Veen, dt. Text: Thomas Woitkewitsch, © Harlekijn-Music/Universal Music Publishing B.V./Universal Music Publishing GmbH

S. 65 Pfeffer, Klaus: Christen – das sind interessante Leute, aus: Klaus Pfeffer, Christsein ist keine einfache Angelegenheit. Mit Dietrich Bonhoeffer auf dem Weg zu einer erneuerten Kirche. Verlag adson fecit, Essen 2017, S. 130ff.

S. 67 Papst Franziskus: Mir ist eine "verbeulte" Kirche, © Libreria Editrice Vaticana

S. 73 Setlur, Sabrina: „DAS WILL ICH SEHEN“, Musik + Text: SETLUR/HOFMANN, THOMAS/HAAS, MARTIN/PELHAM, MOSES PETER, © HANSEATIC MUSIKVERLAG GMBH. Mit freundlicher Genehmigung

S. 77 Die Toten Hosen, UNTER DEN WOLKEN, Musik: Andreas von Holst, Text: Andreas Frege/Marten Laciny, © Copyright 2017 Patricks Kleiner Musikverlag GmbH/Hanseatic Musikverlag GmbH. Mit freundlicher Genehmigung

S. 79 Papst Franziskus: Wir sind eine Gesellschaft, © Libreria Editrice Vaticana

S. 87 Zink, Jörg: Das Wort für segnen, aus: Ders., Ein Segen für dich, Neuausgabe 2017, © Verlag Herder Freiburg

S. 89 Williams, Robbie: Feel, Words & Music by Robbie Williams & Guy Chambers, © Copyright 2003 BMG Rights Management (UK) Limited. All Rights Reserved. International Copyright Secured.

S. 91 Papst Franziskus: Habt keine Angst, © Libreria Editrice Vaticana

Wir danken den Verlagen und Rechteinhabern für die Erteilung der Abdruckgenehmigungen. Trotz gründlicher Recherchen war es nicht in allen Fällen möglich, die genaue Quelle ausfindig zu machen. Honoraransprüche bleiben bestehen.

Die Bibelverse auf S. 75 sind entnommen aus:
Einheitsübersetzung der Heiligen Schrift, vollständig durchgesehene und überarbeitete Ausgabe

Bilder

S. 8 PeopleImages - iStock
S. 9 Juanmonino - iStock
S. 10 v.o. littlehenrabi - iStock, martin-dm - iStock, ajr_images - iStock
S. 11 v.o. GiorgioMagini - iStock, aluxum - iStock
S. 12 fatesun - iStock
S. 13 Jane-Khomi - iStock
S. 14 oben caracterdesign - iStock, unten AIMSTOCK - iStock
S. 16 NKS_Imagery - iStock
S. 18 beide Bilder drbimages - iStock
S. 19 v.o. swissmediavision - iStock, KNA (Papst), Juanmonino - iStock
S. 20 caracterdesign - iStock
S. 22 yanyong - iStock
S. 25 Kemter - iStock
S. 26 Kosamtu - iStock
S. 28 KNA
S. 30 gilaxia - iStock
S. 31 ArtMarie - iStock, KNA (Papst)
S. 33 RyanJLane - iStock
S. 34 PeopleImages - iStock
S. 35 Eyematrix - Fotolia (Fußspuren)
S. 36 LindaYolanda - iStock
S. 37 GiorgioMagini - iStock
S. 39 jcomp - Fotolia
S. 40 oneclearvision - iStock
S. 41 v.o. KarenHBlack - shutterstock, bestdesigns - iStock
S. 42 RyanJLane - iStock
S. 43 v.o. Jacob Lund- shutterstock, KNA (Papst), Marco_Piunti - iStock
S. 44 PaulCalbar - iStock
S. 45 studiovespa - iStock
S. 47 MmeEmil - iStock
S. 48 SeanShot - iStock
S. 49 4ndrei - iStock (Feder)
S. 50 PeopleImages - iStock
S. 52 Oleh_Slobodeniuk - iStock
S. 54 v.o. turgaygundogdu - shutterstock, studiovespa - iStock
S. 55 beide Bilder KNA
S. 57 franckreporter - iStock
S. 58 aldomurillo - iStock
S. 59 manun - photocase
S. 61 djama - Fotolia
S. 62 hidesy - iStock
S. 64 kallejipp - photocase
S. 65 v.o. filadendron - iStock, Style-Photography - Fotolia, F8studio - Fotolia, Rawpixel.com - Fotolia
S. 66 v.o. oneinchpunch - Fotolia, inthevisual - iStock, Hintergrund AF-studio - iStock
S. 67 filadendron - iStock, KNA (Papst)
S. 68 DusanManic - iStock
S. 69 DorSteffen - Fotolia
S. 70 LemonTreeImages - iStock
S. 72 MShep2 - iStock
S. 73 v.o. Gawrav Sinha - iStock, LSOphoto - iStock
S. 74 ranplett - iStock
S. 75 Eun -shutterstock (Kreuz)
S. 76 AlexLinch - iStock
S. 77 aniaostudio - iStock (Menschen)
S. 78 ands456 - iStock
S. 79 DorSteffen - Fotolia (Hand), KNA (Papst)
S. 80 GiorgioMagini - iStock
S. 81 arthobbit - iStock
S. 82 v.o. Creative-Touch - iStock, PeopleImages - iStock
S. 84 aldomurillo - iStock
S. 86 martin-dm - iStock
S. 88 littlehenrabi - iStock
S. 89 martin-dm - iStock
S. 90 AnastasiaRasstrigina - iStock
S. 91 aldomurillo - iStock, KNA (Papst)